Libro de bolsa para principiantes

Aprenda a invertir en bolsa
Conceptos básicos
Por Brian Mahoney

Índice

Introducción

Capítulo 1 Los fundamentos del mercado de valores

Capítulo 2 Ventajas y riesgos de la inversión Capítulo 3

Cómo prepararse para el éxito

Capítulo 4 Tipos de inversión en Bolsa Capítulo 5 Construir

su estrategia de inversión

Capítulo 6 Análisis de valores: cómo tomar decisiones
de inversión con conocimiento de causa

Capítulo 7 Gestión del riesgo y diversificación de la cartera

Capítulo 8 El poder de la constancia: crear riqueza a
largo plazo

Capítulo 9 Estrategias fiscales y maximización del
rendimiento de las inversiones

Capítulo 10 Unirlo todo: su hoja de ruta para invertir
con éxito

Conclusión Glosario

de términos

Software Equipo y suministros necesarios para empezar

Recursos

Introducción

Bienvenido al mundo de la inversión en bolsa, donde las oportunidades de crecimiento financiero e independencia esperan a aquellos dispuestos a aprender, planificar y actuar. Tanto si está aquí porque está cansado de ver cómo sus ahorros crecen a paso de tortuga en una cuenta bancaria tradicional, como si ha oído historias de éxito de personas que han creado riqueza invirtiendo en bolsa, este libro es su puerta de entrada a un futuro financiero mejor.

Si la idea de invertir le parece abrumadora, llena de jerga críptica, gráficos fluctuantes y riesgos intimidantes, no está solo. Muchos principiantes sienten lo mismo al principio. Sin embargo, con la orientación adecuada y una sólida comprensión de los conceptos básicos, pronto se dará cuenta de que el mercado de valores no es tan misterioso como parece. De hecho, es uno de los métodos más accesibles y probados para crear riqueza a largo plazo, independientemente de su punto de partida.

Este libro está diseñado específicamente para principiantes como usted. Nuestra misión es desglosar el aparentemente complejo mundo de la inversión en pasos manejables y prácticos que pueda dar de inmediato. No necesita un título en finanzas o una formación en economía para empezar. Todo lo que necesita es curiosidad, compromiso y ganas de aprender.

Esto es lo que puede esperar mientras emprendemos juntos este viaje:

Conocimientos básicos: Aprenderá los principios básicos del funcionamiento del mercado de valores, por qué las empresas emiten acciones y cómo pueden beneficiarse los inversores como usted.

Estrategias claras: Exploraremos varios tipos de inversiones, como acciones individuales, fondos de inversión, ETF, etc., para que pueda tomar decisiones informadas en función de sus objetivos y su tolerancia al riesgo.

Herramientas y técnicas: Desde la comprensión de los estados financieros hasta el uso de plataformas de negociación, obtendrá las habilidades prácticas para navegar con confianza en el mercado.

Mentalidad para el éxito: Invertir con éxito no es sólo cuestión de números: es cuestión de disciplina, paciencia y perspectiva a largo plazo. Hablaremos de cómo desarrollar la mentalidad adecuada para mantener el rumbo.

Por encima de todo, este libro hace hincapié en la simplicidad. No necesita perseguir todas las nuevas tendencias ni realizar operaciones diarias de forma obsesiva para tener éxito. En su lugar, aprenderá estrategias probadas que se centran en el crecimiento constante y sostenible. Invertir es un maratón, no un sprint, y este libro le proporcionará las herramientas necesarias para mantener el rumbo y alcanzar sus objetivos financieros.

Al final de este libro, no sólo comprenderá la mecánica del mercado de valores, sino que también se sentirá seguro a la hora de dar sus primeros pasos como inversor. Tanto si desea constituir un fondo de jubilación, ahorrar para un acontecimiento importante en la vida o simplemente aumentar su patrimonio, los conocimientos que adquiera aquí le servirán de base para el éxito.

Así que empecemos. Tu viaje hacia la autonomía financiera empieza ahora.

Capítulo 1:
Los fundamentos de la Bolsa

1.1 ¿Qué es la Bolsa?

Definición: Mercado en el que compradores y vendedores negocian acciones de empresas que cotizan en bolsa.

Finalidad: Ayudar a las empresas a reunir capital y ofrecer a los inversores oportunidades de obtener beneficios.

Analogía: La bolsa como supermercado de la propiedad de la empresa.

1.2 Funcionamiento de la Bolsa

Bolsas de valores: Plataformas centralizadas como la Bolsa de Nueva York (NYSE) y el NASDAQ donde s e negocia.

Participantes en el mercado:

Inversores: Particulares, instituciones y gobiernos. Corredores: Intermediarios que ponen en contacto a compradores y vendedores.

Creadores de mercado: Entidades que garantizan la liquidez cotizando constantemente los precios de compra y venta.

Horario de negociación: Horario habitual de negociación bursátil (por ejemplo, de 9:30 a 16:00 ET en Estados Unidos).

1.3 Conceptos clave

Acciones: Unidades de propiedad de una empresa.

Precios de las acciones: Determinados por la oferta, la demanda y el sentimiento de los inversores.

Capitalización bursátil: El valor total de las acciones de una empresa, que indica su tamaño.

Índices: Índices de referencia como el S&P 500, el Dow Jones y el NASDAQ Composite que siguen la evolución general del mercado.

1.4 Por qué las empresas salen a bolsa

Oferta Pública Inicial (OPI): Primera venta de acciones de una empresa al público para recaudar fondos.

Ventajas para las empresas: Acceso a capital para crecimiento, amortización de deuda o adquisiciones.

Significado para los inversores: Las OPI son oportunidades de inversión en las primeras fases de crecimiento.

1.5 Tipos de mercados bursátiles

Mercado primario: Donde se emiten las nuevas acciones (por ejemplo, durante una OPV).

Mercado secundario: En el que se negocian entre inversores acciones previamente emitidas.

1.6 Los protagonistas de la Bolsa

Inversores minoristas: Particulares de a pie que compran acciones a través de brokers o plataformas online.

Inversores institucionales: Grandes organizaciones como fondos de pensiones, fondos de inversión y fondos de cobertura.

Reguladores: Organismos como la Comisión del Mercado de Valores (SEC) que garantizan prácticas justas y transparentes.

1.7 Perspectiva histórica de la Bolsa

Los orígenes: Los primeros intercambios bursátiles en Ámsterdam y la creación de la Bolsa de Nueva York en 1792.

Principales hitos: La Gran Depresión, la burbuja de las puntocom y las crisis financieras que dieron forma a la inversión moderna.

Evolución tecnológica: De la negociación en parqué a las transacciones digitales de alta velocidad.

1.8 Por qué le interesa la Bolsa

Crecimiento financiero personal: Creación de riqueza a lo largo del tiempo mediante la capitalización.

Indicador económico: Refleja la salud de las industrias y las economías.

Acceso a la innovación: Invertir en industrias punteras y startups que dan forma al futuro.

1.9 Mitos comunes

"La bolsa es sólo un juego".
Contrapunto: La inversión se basa en la investigación y la estrategia, a diferencia de los juegos de azar.
"Hay que ser rico para invertir".
Contrapunto: Las plataformas permiten ahora empezar con tan sólo $5.
"Es demasiado complicado para principiantes".
Contrapunto: La educación y las estrategias sencillas lo hacen accesible.

Conclusión:

Al comprender los fundamentos del mercado de valores, estará dando el primer paso para convertirse en un inversor seguro. En el próximo capítulo analizaremos las ventajas y los riesgos, y le ayudaremos a decidir cómo encaja la inversión con sus objetivos.

Capítulo 2:
Ventajas y riesgos
de la inversión

2.1 Los beneficios potenciales de la inversión

Invertir en bolsa puede proporcionar importantes ventajas si se hace con prudencia:

Creación de riqueza a lo largo del tiempo:

Ejemplo: Rentabilidad media histórica del 7-10% anual para el S&P 500.
Explicación de cómo el interés compuesto amplifica los rendimientos durante décadas.

Vencer a la inflación:

Por qué no basta con ahorrar; la bolsa ayuda a conservar y aumentar el poder adquisitivo.

Generación de ingresos:

Acciones que pagan dividendos como fuente de ingresos pasivos.

Propiedad de empresas:

Cómo la compra de acciones le convierte en copropietario de la empresa, beneficiándose de su éxito.

Flexibilidad y liquidez:

Las acciones pueden venderse a valor de mercado, lo que ofrece liquidez en comparación con otras inversiones como los bienes inmuebles.

2.2 Comprender los riesgos de invertir en bolsa

Toda oportunidad conlleva posibles inconvenientes. La concienciación y la preparación son fundamentales:

Volatilidad de los mercados:

Los precios pueden subir y bajar bruscamente debido a las noticias, las condiciones económicas o el sentimiento de los inversores.

Por ejemplo: Caídas durante acontecimientos como la crisis financiera de 2008 o la pandemia de 2020.

Riesgos específicos de la empresa:

La mala gestión, la competencia o los escándalos pueden provocar el desplome de determinados valores.

Riesgos económicos:

Recesiones, cambios en los tipos de interés y acontecimientos geopolíticos que afectan a sectores o mercados enteros.

Riesgo de liquidez:

Algunos valores más pequeños pueden ser difíciles de vender rápidamente sin que repercuta en su precio.

Inversión emocional:

El miedo y la codicia conducen a decisiones equivocadas, como la venta por pánico durante las caídas del mercado.

2.3 Equilibrio entre riesgos y beneficios

El equilibrio entre riesgo y rentabilidad:

Los mayores rendimientos potenciales suelen conllevar mayores riesgos.

Ejemplo: Comparación de valores de primer orden más seguros con valores especulativos de alto riesgo.

El papel del tiempo:

Cómo la inversión a largo plazo suaviza la volatilidad a corto plazo.

Énfasis en la paciencia y la disciplina.

La diversificación como escudo:

Distribuir las inversiones entre sectores y clases de activos para reducir el riesgo.

2.4 Gestión eficaz del riesgo

Estrategias prácticas para minimizar la exposición a las

pérdidas: Asignación de activos:

Distribuir las inversiones entre acciones, bonos y efectivo en función de sus objetivos y su tolerancia al riesgo.

Diversificación de la cartera:

Evitar la concentración en una sola acción, sector o zona geográfica.
Ejemplo: Una cartera equilibrada con tecnología, sanidad,
bienes de consumo y energía.

Establecer órdenes Stop-Loss:

Automatizar las ventas si las cotizaciones caen a un nivel
preestablecido para limitar las pérdidas.

Evitar el apalancamiento:

Riesgos de pedir dinero prestado para invertir.

Edúcate:

Mantenerse informado sobre el mercado y las tendencias actuales.

2.5   Alinear el riesgo con su perfil personal

Evaluación de la tolerancia al riesgo:
Preguntas para determinar si eres conservador, moderado o
agresivo.
Ejemplo: ¿Cómo te sentirías si tu cartera cayera un 20% en una
semana?
Consideraciones sobre las etapas de la vida:
Los inversores más jóvenes pueden asumir más riesgos para
crecer a largo plazo.
Los jubilados pueden priorizar la estabilidad y los ingresos.

2.6   Casos prácticos: Equilibrio entre riesgos y beneficios

Historia de éxito:

Un joven inversor que utiliza fondos indexados para acumular
riqueza a lo largo de 30 años.

Cuento con moraleja:

Un operador especulativo que pierde dinero persiguiendo "consejos
calientes" sin investigar.

Conclusión:

Invertir en bolsa ofrece enormes beneficios, pero conlleva riesgos inherentes. Comprender estos riesgos y cómo gestionarlos le permitirá tomar decisiones con conocimiento de causa y confianza. El próximo capítulo le guiará en el establecimiento de una base sólida para invertir, empezando por unos objetivos claros y las herramientas adecuadas.

Capítulo 3: Prepararse para el éxito

3.1   Definir sus objetivos financieros

Antes de invertir, es fundamental establecer objetivos claros. Considere estas metas comunes:

Objetivos a corto plazo: Ahorrar para un coche, vacaciones o un fondo de emergencia (plazo: 1-3 años).

Tipos de inversión: Cuentas de ahorro de alto rendimiento o ETF conservadores.

Objetivos a medio plazo: Comprar una casa, financiar la educación o crear una empresa (plazo: 3-10 años).

Tipos de inversión: Mezcla equilibrada de acciones y bonos.

Objetivos a largo plazo: Jubilación o creación de riqueza (plazo: más de 10 años).

Tipos de inversión: Fondos indexados de base amplia, acciones de crecimiento y acciones que pagan dividendos.

Acción: Escriba sus objetivos con plazos para aclarar su propósito de inversión.

3.2   Evalúe su tolerancia al riesgo

Comprender cuánto riesgo se siente cómodo asumiendo es clave para construir una cartera que se adapte a usted:

Niveles de tolerancia al riesgo:

Conservador: Priorizar la preservación del capital con menores rendimientos.

Moderado: Dispuesto a aceptar un riesgo moderado a cambio de un crecimiento equilibrado.

Agresivo: Cómodo con la volatilidad para obtener mayores rendimientos potenciales.

Factores que influyen en la tolerancia al riesgo:

Edad: Los inversores más jóvenes suelen tener una mayor tolerancia al riesgo debido a su mayor horizonte temporal.

Estabilidad de los ingresos y obligaciones financieras: Unos ingresos estables permiten asumir un mayor riesgo.

Personalidad: Cómo maneja el estrés durante las caídas del mercado.

Paso a seguir: Realiza un cuestionario de tolerancia al riesgo para medir tu nivel de comodidad.

3.3   Crear un fondo de emergencia

Antes de invertir, asegúrate de contar con una red de seguridad financiera:

Por qué es esencial: Te protege de tener que vender tus inversiones en caso de emergencia.

Cuánto ahorrar: De 3 a 6 meses de gastos de manutención en una cuenta de alta liquidez y bajo riesgo.

Dónde guardarlo: cuentas de ahorro de alto rendimiento o fondos del mercado monetario.

Paso a seguir: Calcula tus gastos mensuales y empieza a crear tu fondo de emergencia si aún no lo tienes.

3.4   Elegir la cuenta de corretaje adecuada

Su cuenta de corretaje es su puerta de entrada al mercado bursátil. Consideraciones clave:

Tipos de cuentas:

Cuenta de corretaje estándar: Ofrece flexibilidad sin restricciones en los reintegros.

Cuentas de jubilación: Cuentas con ventajas fiscales, como cuentas IRA o 401(k)s, para objetivos a largo plazo.

Características a tener en cuenta:

Comisiones bajas Plataformas

fáciles de usar

Acceso a herramientas de investigación y recursos educativos

Disponibilidad del servicio de atención al cliente

Brokers online populares para principiantes:

Fidelity, Charles Schwab, TD Ameritrade, Robinhood y E*TRADE.

Paso a seguir: Compare correderías y elija una que se ajuste a sus necesidades.

3.5 Comprender los requisitos de inversión inicial

Empezar con poco: Muchos corredores le permiten empezar con tan sólo 5 dólares utilizando acciones fraccionarias.

Presupuesto para inversiones: Destina un porcentaje de tus ingresos, por ejemplo entre el 10% y el 20%, a invertir.

Evitar el sobreendeudamiento: Invierte sólo lo que puedas permitirte perder sin que afecte a tus gastos esenciales.

Paso a seguir: Decida el importe de su inversión inicial y fije un objetivo de aportación mensual.

3.6 Crear la mentalidad adecuada para el éxito

Para invertir con éxito hace falta algo más que dinero: la mentalidad adecuada:

Paciencia: Comprenda que la creación de riqueza lleva tiempo.

Disciplina: Cíñete a tu estrategia, incluso durante las fluctuaciones del mercado.

Aprendizaje continuo: Manténgase curioso e informado sobre las tendencias y estrategias del mercado.

Control emocional: Evita las decisiones impulsivas motivadas por el miedo o la codicia.

Acción: Comprométete a pensar a largo plazo escribiendo afirmaciones sobre tu trayectoria inversora.

3.7   Establecer contribuciones automáticas

Automatizar sus inversiones simplifica el proceso y garantiza la coherencia:

Ventajas:

Elimina la tentación de cronometrar el mercado.

Crea riqueza de forma constante a lo largo del

tiempo.

Cómo automatizar:

Establezca transferencias periódicas de su banco a su cuenta de corretaje.

Utilice robo-advisors para la gestión automatizada de carteras.

Paso a seguir: Establezca una transferencia mensual automática a su cuenta de corretaje.

3.8   Seguimiento de los progresos y ajuste de los objetivos

Sus objetivos y circunstancias financieras pueden cambiar con el tiempo. Las revisiones periódicas le ayudarán a mantener el rumbo:

Seguimiento del rendimiento de la cartera: Compare la rentabilidad con sus índices de referencia objetivo.

Revise los objetivos: Ajuste los plazos o las contribuciones según sea necesario.

Mantente flexible: Prepárate para cambiar de estrategia en función de los cambios que se produzcan en tu vida.

Acción: Programa reuniones trimestrales para revisar tus objetivos y tu cartera.

Conclusión:

Estableciendo objetivos claros, preparándose financieramente y eligiendo las herramientas adecuadas, estará sentando unas bases sólidas para el éxito bursátil. En el próximo capítulo nos adentraremos en los distintos tipos de inversión disponibles para ayudarle a diversificar y optimizar su cartera.

Capítulo 4:
Tipos de
Inversiones en Bolsa

4.1   Acciones ordinarias

Definición: Acción representativa de la propiedad de una empresa, con derecho a voto en las juntas de accionistas.

Características principales:

Ofrece potencial de revalorización del capital a medida que crece la empresa.

Puede repartir dividendos, pero no está

garantizado. Ejemplo: Apple (AAPL) o Tesla (TSLA).

Pros:

Alto potencial de crecimiento.

El derecho de voto permite a los accionistas influir en las decisiones importantes de la empresa.

Contras:

Mayor riesgo de volatilidad de los precios.

Los pagos de dividendos pueden fluctuar o cesar durante las dificultades financieras.

4.2   Acciones preferentes

Definición: Tipo de acciones que ofrecen pagos de dividendos fijos y prioridad sobre los accionistas ordinarios en caso de liquidación.

Características principales:

Normalmente no da derecho a voto.

Ingresos más estables en comparación con las acciones ordinarias.

Pros:

Ingresos por dividendos fiables.

Volatilidad inferior a la de las acciones ordinarias.

Contras:

Potencial de crecimiento limitado en comparación con las

acciones ordinarias. Menor liquidez en el mercado.

4.3 Fondos cotizados (ETF)

Definición: Fondos de inversión que cotizan en bolsa y mantienen una cartera diversificada de activos.

Características principales:

Sigue índices (por ejemplo, S&P 500), sectores o temas específicos.

Ejemplo: SPDR S&P 500 ETF (SPY) o Vanguard Total Stock Market ETF (VTI).

Pros:

Diversificación instantánea.

Ratios de gastos y comisiones de gestión bajos.

Fáciles de comprar y vender como acciones

individuales.

Contras:

No hay control sobre los activos individuales del fondo.

Potencial limitado de obtener grandes beneficios en comparación con la selección individual de valores.

4.4   Fondos de inversión

Definición: Fondos de inversión que reúnen el dinero de múltiples inversores para invertirlo en una cartera de activos gestionada profesionalmente.

Características principales:

Gestionados activamente por gestores de fondos.

Ejemplo: Fidelity Contrafund o Vanguard 500 Index Fund.

Pros:

La gestión profesional simplifica la inversión. La diversificación

reduce el riesgo.

Contras:

Comisiones más elevadas en comparación con los ETF.

Es posible que la rentabilidad del fondo no supere sistemáticamente a la del mercado.

4.5   Fondos indexados

Definición: Tipo de fondo de inversión o ETF que sigue un índice de mercado específico, como el S&P 500 o el NASDAQ.

Características principales:

Gestión pasiva para reflejar la rentabilidad del índice.

Pros:

Comisiones extremadamente bajas.

Rentabilidades históricamente fiables a largo plazo.

Contras:

Limitado al rendimiento del índice que sigue.

No hay flexibilidad para ajustar las participaciones durante los cambios del mercado.

4.6 Acciones que pagan dividendos

Definición: Acciones de empresas que distribuyen regularmente una parte de sus beneficios a los accionistas en forma de dividendos.

Características principales:

Ejemplos: Coca-Cola (KO) o Procter & Gamble (PG). Los dividendos pueden reinvertirse para obtener un crecimiento compuesto.

Pros:

Flujo de ingresos fiable, incluso durante las fases bajistas del mercado. Potencial tanto de ingresos como de revalorización del capital.

Contras:

El pago de dividendos no está garantizado.

Menor potencial de crecimiento en comparación con los valores de alto crecimiento.

4.7 Acciones de crecimiento

Definición: Acciones de empresas que se espera que aumenten sus beneficios a un ritmo superior a la media del mercado.

Características principales:

Ejemplos: Amazon (AMZN) o Nvidia (NVDA).

A menudo reinvierten los beneficios en expansión en lugar de pagar dividendos.

Pros:

Alto potencial de importantes plusvalías. Representa

industrias innovadoras y de alto rendimiento.

Contras:

Mayor riesgo y volatilidad.

Los beneficios pueden tardar años en materializarse.

4.8 Acciones de valor

Definición: Acciones que cotizan a un precio inferior en relación con sus fundamentales (por ejemplo, beneficios, dividendos).

Características principales:

Ejemplos: JPMorgan Chase (JPM) o Berkshire Hathaway (BRK.A).

Suelen ser empresas maduras con beneficios constantes.

Pros:

Potencial de revalorización del precio a medida que el mercado "corrige" la infravaloración.

Menor riesgo a la baja en comparación con las acciones especulativas.

Contras:

El crecimiento puede ser más lento que la media del

mercado. Requiere paciencia para obtener beneficios.

4.9   Inversiones sectoriales

Definición: Inversiones centradas en sectores específicos como la tecnología, la sanidad, la energía o el sector inmobiliario.

Características principales:

Ejemplos: ETF tecnológicos o fondos de inversión inmobiliaria (REIT).

Pros:

Permite dirigirse a sectores de gran crecimiento o demanda.

Aumenta la diversificación de la cartera.

Contras:

Riesgo concentrado en un sector. Vulnerable a

las recesiones específicas del sector.

4.10   Equilibrar su cartera con distintos tipos

Por qué es importante la diversificación: La diversificación de sus inversiones reduce el riesgo global.

Ejemplo de asignación de cartera para principiantes:

60% en fondos indexados o ETF.

20% en acciones que pagan

dividendos. 10% en valores de

crecimiento.

10% en inversiones sectoriales.

Paso a seguir: Comience seleccionando 1-2 tipos de inversión que se ajusten a sus objetivos y amplíelos gradualmente a medida que vaya ganando confianza.

Conclusión:

Comprender los distintos tipos de inversiones bursátiles es el primer paso para crear una cartera bien equilibrada. El siguiente capítulo le enseñará a desarrollar estrategias para combinar estas inversiones de forma que se adapten a sus objetivos personales y a su tolerancia al riesgo.

Capítulo 5: Construir su estrategia de inversión

5.1 La importancia de tener una estrategia

Invertir sin un plan claro es como navegar sin un mapa. He aquí por qué una estrategia es crucial:

Orienta sus decisiones: Le mantiene alineado con sus objetivos financieros.

Le prepara para la volatilidad: Reduce la toma de decisiones emocionales durante las fluctuaciones del mercado.

Optimiza sus recursos: Garantiza que su dinero trabaje eficazmente para usted.

Idea clave: Una buena estrategia equilibra el riesgo y la recompensa al tiempo que se adapta a sus circunstancias individuales.

5.2 Fijar sus objetivos de inversión

Su estrategia empieza por definir sus objetivos.

Objetivos a corto plazo: Metas en un plazo de 1 a 3 años, como ahorrar para el pago inicial de una vivienda.

Ejemplo de estrategia: Centrarse en inversiones de bajo riesgo, como bonos o fondos del mercado monetario.

Objetivos a largo plazo: Objetivos a más de 10 años vista, como la jubilación.

Ejemplo de estrategia: Hacer hincapié en las inversiones de crecimiento, como las acciones y los fondos indexados.

Objetivos combinados: Equilibrar múltiples plazos con carteras diversificadas.

Acción: Anote sus objetivos y los plazos para alcanzarlos.

5.3 Determinar la asignación de activos

La asignación de activos es el modo en que distribuye sus inversiones entre las distintas clases de activos, como acciones, bonos y efectivo.

Por qué es importante:

Controla el perfil de riesgo-rentabilidad de su cartera. Se

ajusta a sus objetivos financieros y a su tolerancia al riesgo.

Modelos comunes de asignación:

Agresivo: 80-90% en acciones, 10-20% en bonos/efectivo.

Moderado: 60-70% en acciones, 30-40% en bonos/efectivo.

Conservador: 30-50% en acciones, 50-70% en bonos/efectivo.

Adaptación a lo largo del tiempo:

Cambie hacia asignaciones más conservadoras a medida que se acerca la jubilación.

Ejemplo de regla: La regla de "110 menos la edad": reste su edad de 110 para determinar el porcentaje de acciones de su cartera.

Acción: Elija una asignación de activos que refleje sus objetivos y su tolerancia al riesgo.

5.4 Diversificación: Repartir el riesgo entre las inversiones

La diversificación protege su cartera reduciendo la dependencia de una única inversión.

Qué diversificar:

Todas las clases de activos: Acciones, bonos, ETF, bienes inmuebles,
etc.

Dentro de las clases de activos: Invierta en diferentes sectores, industrias y geografías.

Por qué funciona:

Una inversión poco rentable se compensa con otras más rentables.

Ejemplo: Las acciones tecnológicas pueden caer, pero las acciones sanitarias pueden subir durante una recesión.

Medida: Construir una cartera con una combinación de activos y sectores para reducir el riesgo global.

5.5 Elegir entre estrategias activas y pasivas

Inversión activa:

Consiste en comprar y vender acciones con frecuencia para superar al mercado.

Requiere mucha investigación, tiempo y experiencia.

Por ejemplo: Selección de valores o inversión en fondos de gestión activa.

Inversión pasiva:

Se centra en igualar el rendimiento del mercado en lugar de batirlo.

Por ejemplo: Invertir en fondos indexados o ETF.

¿Cuál es el más adecuado para usted?

Los principiantes suelen beneficiarse de las estrategias pasivas por su sencillez y menores costes.

Acción: Decida si prefiere invertir de forma activa o pasiva.

5.6 Promedio del coste en dólares: Un enfoque para principiantes

Qué es: Invertir una cantidad fija con regularidad, independientemente de las condiciones del mercado.

Cómo funciona:

Compra más acciones cuando los precios son bajos y menos cuando son altos.

Reduce el impacto de la volatilidad del mercado.

Ejemplo: Invertir 200 dólares cada mes en un ETF.

Por qué es eficaz:

Simplifica la inversión y elimina la tentación de cronometrar el mercado.

Acción: Establezca contribuciones automáticas para aplicar el promediado del coste en dólares.

5.7 Reequilibrar su cartera

Qué es: Ajustar su cartera periódicamente para mantener la asignación de activos deseada.

Por qué es importante:

Evita la sobreexposición a una sola clase de activos.

Bloquea las ganancias y garantiza la alineación con su tolerancia al riesgo.

Ejemplo: Si las acciones pasan del 60% al 75% de su cartera, venda algunas acciones o añada bonos para reequilibrarla.

Frecuencia de reequilibrio:

Anualmente o cuando las asignaciones se desvíen significativamente de su objetivo.

Paso a seguir: Programe una revisión anual para reequilibrar su cartera.

5.8 Gestión de las trampas emocionales

Evite errores comunes:

Miedo a perderse algo: La compra de valores impulsados por el bombo publicitario.

Venta por pánico: Reaccionar emocionalmente ante las caídas del mercado. Exceso de confianza: Asumir riesgos excesivos después de algunas victorias.

Estrategias para mantener la disciplina: Céntrate en los objetivos a largo plazo.

Ignore el ruido diario del mercado y el sensacionalismo de los medios de comunicación. Cíñase a su plan, incluso durante la volatilidad.

Acción: Cree una lista de comprobación para recordar su estrategia a largo plazo durante las turbulencias del mercado.

5.9 Casos prácticos: Aplicaciones reales Caso

práctico 1: Una cartera de crecimiento para principiantes

Inversor: 30 años ahorrando para la jubilación.

Estrategia: 80% en fondos indexados, 10% en ETF sectoriales, 10% en bonos.

Resultado: Crecimiento constante a lo largo de 10 años a través de la promediación del coste en dólares.

Caso práctico 2: Un enfoque conservador para un inversor próximo a la jubilación: Una persona de 60 años que se prepara para la jubilación.

Estrategia: 40% en acciones que pagan dividendos, 40% en bonos, 20% en REITs.

Resultado: Ingresos constantes con un riesgo mínimo.

Conclusión:

Una estrategia de inversión bien elaborada es su plan para alcanzar el éxito financiero. Si establece objetivos claros, diversifica su cartera y gestiona sus emociones, podrá navegar por el mercado bursátil con confianza. En el próximo capítulo, nos adentraremos en el análisis de valores y la lectura de informes financieros para tomar decisiones de inversión con conocimiento de causa.

Capítulo 6: Análisis de valores: cómo tomar decisiones de inversión con conocimiento de causa

6.1   La importancia del análisis bursátil

Invertir en valores no es una apuesta arriesgada si se hace con la información adecuada. Analizar las acciones te ayuda:

Comprender la salud de la empresa: Evalúe la solidez y estabilidad financieras.

Evaluar el potencial de crecimiento: Identificar oportunidades de revalorización del capital.

Gestionar el riesgo: Evitar las empresas sobrevaloradas o con malos resultados.

Idea clave: Un buen inversor es también un buen investigador.

6.2   Análisis fundamental: Profundizando en los fundamentos

El análisis fundamental evalúa el valor intrínseco de una empresa examinando sus resultados financieros y empresariales.

6.2.1   Entender los estados financieros Cuenta de

resultados (cuenta de pérdidas y ganancias):

Realiza un seguimiento de los ingresos, gastos y beneficios netos.

Métricas clave: Crecimiento de los ingresos, margen de beneficio neto.

Ejemplo: Una empresa con ingresos crecientes y márgenes estables muestra rentabilidad.

Balance:

Enumera los activos, pasivos y fondos propios de una empresa.

Métricas clave: Ratio deuda/fondos propios, Ratio corriente.

Ejemplo: Una empresa con una deuda elevada en comparación con los fondos propios puede ser financieramente inestable.

Estado de flujos de tesorería:

Muestra cómo se genera y utiliza el efectivo.

Métricas clave: Flujo de caja libre, Flujo de caja operativo.

Ejemplo: Un flujo de caja positivo indica que la empresa puede mantener sus operaciones y su crecimiento.

6.2.2   Principales ratios financieros

Relación precio/beneficios (PER):

Mide el precio de las acciones en relación con los beneficios por acción (BPA).

Un PER alto puede indicar una sobrevaloración; un PER bajo podría indicar una ganga.

Ratio de endeudamiento (D/E):

Compara la deuda total con los fondos propios. Los

ratios más bajos suelen indicar estabilidad

financiera.

Rentabilidad de los fondos propios (ROE):

Muestra la eficacia con que la dirección utiliza los fondos propios para generar beneficios.

Un ROE más elevado indica una mayor eficiencia.

Acción: Utiliza recursos gratuitos como Yahoo Finanzas o Morningstar para acceder a estados financieros y ratios.

6.3   Análisis técnico: Comprender las tendencias del mercado

El análisis técnico se centra en los movimientos de las cotizaciones bursátiles y el volumen de negociación para identificar patrones.

6.3.1   Gráficos y patrones habituales

Gráficos de líneas: Sigue el precio de las acciones a lo largo del tiempo; ideal para principiantes.

Gráficos de velas: Proporciona información detallada sobre los movimientos de los precios en un periodo concreto.

Patrones clave:

Cabeza y hombros: Indica un posible cambio de tendencia. Doble

fondo: Sugiere un cambio de tendencia alcista.

6.3.2 Indicadores técnicos populares

Medias móviles:

La media móvil simple (SMA) suaviza los datos de precios para obtener una visión más clara de la tendencia.

Ejemplo: El cruce de la SMA de 50 días por encima de la SMA de 200 días suele ser una señal alcista.

Índice de fuerza relativa (RSI):

Mide las condiciones de sobrecompra o sobreventa (escala de 0-100).

RSI por encima de 70: La acción puede estar sobrecomprada. RSI por debajo de 30:
Las acciones pueden estar sobrevendidas.

Análisis del volumen:

El aumento del volumen confirma la fortaleza de una tendencia de precios.

Acción: Utiliza plataformas como TradingView para practicar la lectura de gráficos y la aplicación de indicadores técnicos.

6.4 Análisis cualitativo: Más allá de las cifras

Examine los factores que afectan al éxito a largo plazo de una empresa pero q u e no siempre se reflejan en los datos financieros.

6.4.1 Gestión y liderazgo

Evalúe la experiencia, reputación y trayectoria de los directivos de la empresa.

Ejemplo: Un Consejero Delegado con un historial de éxitos puede indicar un liderazgo fuerte.

6.4.2 Ventaja competitiva (Moat)

Las empresas con productos únicos, lealtad a la marca o ventajas de costes suelen superar a sus competidores.

Ejemplo: El reconocimiento mundial de la marca Coca-Cola es una importante ventaja competitiva.

6.4.3 Tendencias del sector

Identificar los sectores en crecimiento y las empresas bien posicionadas para beneficiarse.
Ejemplo: Se espera que las energías renovables crezcan significativamente en la próxima década.

Acción: Lea los informes anuales y las noticias del sector para comprender los factores cualitativos.

6.5 Evaluación de la valoración de acciones

Determinar si una acción está sobrevalorada, infravalorada o justamente valorada ayuda a orientar las decisiones de compra.

6.5.1 Enfoque del valor intrínseco

Calcular el valor actual de los flujos de caja futuros de una empresa.

Herramientas: Análisis del flujo de caja descontado (DCF).

6.5.2 Enfoque de valoración relativa

Compare los parámetros de un valor (por ejemplo, el PER) con los de sus homólogos o las medias del sector.

Ejemplo: Si el PER de la empresa A es de 15 y la media del sector es de 20, es posible que esté infravalorada.

6.5.3 Sentimiento del mercado

Considere las condiciones generales del mercado que influyen en los precios de las acciones.

Ejemplo: Las acciones suelen infravalorarse durante las recesiones debido a las ventas basadas en el miedo.

Acción: Utilizar calculadoras en línea e informes de analistas para estimar las valoraciones.

6.6 Herramientas de análisis bursátil

Aproveche la tecnología y los recursos para simplificar el análisis de valores.

Herramientas gratuitas:

Yahoo Finanzas: Estados financieros y datos de mercado. Google

Finanzas: Seguimiento simplificado del rendimiento.

Herramientas Premium:

Morningstar: Informes de investigación en profundidad y calificaciones.

Terminal Bloomberg: Análisis avanzados (mejor para profesionales).

Recursos educativos:

Libros: El Inversor Inteligente de Benjamin Graham.

Cursos en línea: Plataformas como Udemy o Coursera ofrecen cursos aptos para principiantes.

Paso de acción: Elija una o dos herramientas para empezar a practicar el análisis de valores.

6.7 Caso práctico: Análisis de una acción real

Acciones: Apple Inc. (AAPL).

Paso 1: Revisar los estados financieros:

Crecimiento de los ingresos: Crecimiento constante en los últimos 5 años. Margen de beneficio neto: Fuerte, un 25%, reflejo de la eficiencia.

Paso 2: Aplicar ratios:

Ratio PER: 28 (superior a la media del sector, lo que sugiere una valoración superior).

ROE: 30% (indica un uso eficiente de los fondos propios).

Paso 3: Evaluar los factores cualitativos:

Fuerte fidelidad a la marca y una cartera de productos diversificada.

El liderazgo de Tim Cook ha mantenido la innovación.

Conclusión: Aunque Apple es una empresa sólida, su valoración sugiere una subida limitada a menos que se acelere el crecimiento futuro.

Conclusión

El análisis de valores implica una mezcla de evaluación cuantitativa y cualitativa. Si domina estas técnicas, podrá tomar decisiones de inversión bien informadas y construir una cartera adaptada a sus objetivos. En el próximo capítulo, exploraremos las estrategias de gestión del riesgo para salvaguardar sus inversiones.

Capítulo 7: Gestión del riesgo y diversificación de la cartera

7.1 Comprender el riesgo de inversión

El riesgo es inherente a la inversión, pero conocerlo le permitirá gestionarlo con eficacia.

7.1.1 Tipos de riesgo

Riesgo de mercado: Riesgo de pérdidas debidas a los movimientos generales del mercado (por ejemplo, caídas de la bolsa).

Riesgo de crédito: El riesgo de que un emisor de bonos incumpla sus pagos.

Riesgo de liquidez: Dificultad para vender una inversión sin que afecte significativamente a su precio.

Riesgo de inflación: El riesgo de que la inflación erosione el poder adquisitivo de su inversión.

Riesgo de tipos de interés: El impacto de los cambios en los tipos de interés, especialmente en los bonos.

7.1.2 Tolerancia al riesgo

Su tolerancia al riesgo determina cuánta fluctuación de valor puede soportar.

Baja tolerancia al riesgo: Centrarse en bonos y activos estables.

Alta tolerancia al riesgo: Más cómodo con las acciones y los mercados volátiles.

Paso a seguir: Realiza un cuestionario online de tolerancia al riesgo para conocer mejor tu nivel de comodidad con el riesgo.

7.2 El papel de la diversificación en la reducción del riesgo

La diversificación reparte sus inversiones entre distintas clases de activos, sectores y zonas geográficas para reducir el riesgo.

7.2.1 Diversificación entre clases de activos

Acciones: Proporcionan crecimiento pero son más volátiles.

Bonos: Ofrecen estabilidad e ingresos, contrarrestando la volatilidad de las acciones.

Bienes inmuebles (REIT): Añade otro nivel de diversificación con potencial de rentabilidad estable.

Equivalentes de efectivo: Activos de bajo riesgo como fondos del mercado monetario para liquidez.

7.2.2 Diversificación dentro de las clases de activos

Acciones: Invierta en diferentes sectores (tecnología, sanidad, energía, etc.) y geografías (nacional frente a internacional).

Bonos: Incluya una mezcla de bonos gubernamentales, municipales y corporativos.

Ejemplo: Una cartera podría asignar un 60% a acciones (repartidas entre tecnología, sanidad y energía), un 30% a bonos (repartidos entre corporativos y gubernamentales) y un 10% a REITs.

Medida: Revise su cartera para asegurarse de que está diversificada entre sectores y regiones.

7.3 Gestión de la volatilidad

La volatilidad se refiere al grado de variación del precio de un activo a lo largo del tiempo.

7.3.1 Estrategias para gestionar la volatilidad

Invierta con regularidad: Utiliza el promediado del coste en dólares para mitigar el impacto de las oscilaciones de precios.

Centrarse en objetivos a largo plazo: Las fluctuaciones a corto plazo son menos significativas a largo plazo.

Evite la concentración excesiva: Asegúrese de que ningún valor o sector domine su cartera.

7.3.2   Correcciones del mercado

¿Qué es una corrección? Una caída del 10% o más de una acción o índice bursátil.

Cómo responder:

Revise su estrategia a largo plazo en lugar de vender por pánico.

Considere la posibilidad de comprar valores infravalorados

durante las correcciones.

Acción: Crear una lista de comprobación para gestionar la volatilidad, como revisar los objetivos a largo plazo antes de tomar decisiones.

7.4   Estrategias de cobertura

La cobertura consiste en utilizar inversiones para compensar posibles pérdidas en su cartera.

7.4.1   Herramientas de cobertura habituales

Opciones: Utilice opciones de venta y compra para protegerse de las caídas de precios o fijar los precios.

ETF inversos: Ganan cuando el mercado baja.

Materias primas: El oro y otras materias primas actúan a menudo como cobertura frente a la inflación y la inestabilidad de los mercados.

Ejemplo: Comprar una opción de venta para una acción de su cartera puede limitar las pérdidas si el precio de la acción cae.

Paso a seguir: Investiga estrategias básicas de opciones o consulta con un asesor financiero antes de poner en práctica herramientas de cobertura.

7.5   El papel de la asignación de activos

La asignación de activos equilibra el riesgo y la rentabilidad dividiendo la cartera entre distintas clases de activos.

7.5.1 Modelos de asignación

Agresivo: Alta exposición a acciones (por ejemplo, 80% acciones, 20% bonos) para crecimiento a largo plazo.

Moderado: Mezcla equilibrada de acciones y bonos (por ejemplo, 60% acciones, 40% bonos).

Conservador: Centrado en preservar el capital (por ejemplo, 40% acciones, 60% bonos).

7.5.2 Ajustar la asignación a lo largo del tiempo

Reduzca la exposición a las acciones y aumente los bonos a medida que se acerca la jubilación.

Ejemplo: Pasar de un 80% de acciones y un 20% de obligaciones a los 30 años a un 40% de acciones y un 60% de obligaciones a los 60 años.

Paso a seguir: Elija un modelo de asignación basado en sus objetivos, tolerancia al riesgo y horizonte temporal.

7.6 Crear un fondo de emergencia

Un fondo de emergencia proporciona una red de seguridad financiera y evita que tengas que recurrir a las inversiones.

7.6.1 Cuánto ahorrar

De 3 a 6 meses de gastos de manutención.

Para profesiones de mayor riesgo o ingresos volátiles, el objetivo es de 6 a 12 meses.

7.6.2 Dónde guardarlo

Cuentas de ahorro de alto rendimiento o fondos del

mercado monetario. Asegúrate de que el fondo sea

fácilmente accesible y de bajo riesgo.

Paso a seguir: Calcula tus gastos mensuales y establece transferencias automáticas para constituir tu fondo de emergencia.

7.7 Seguimiento y reequilibrio de su cartera

El reequilibrio garantiza que su cartera se mantenga alineada con su objetivo de asignación de activos.

7.7.1 Cuándo reequilibrar

Reequilibrio programado: Anuales o semestrales.

Reequilibrio de umbral: Cuando una clase de activos supera una desviación establecida (por ejemplo, entre el 5% y el 10% del objetivo).

7.7.2 Cómo reequilibrar

Vender los activos que rindan más o añadir fondos a los que rindan menos.

Ejemplo: Si las acciones pasan del 60% al 70% de su cartera, venda algunas acciones y compre bonos para restablecer el equilibrio.

Acción: Establece un recordatorio en el calendario para revisar tu cartera con regularidad.

7.8 Caso práctico: Gestión del riesgo en una cartera real

Inversor: Hombre de 40 años que ahorra para su jubilación y tiene una tolerancia al riesgo moderada.

Cartera antes de la diversificación:

80% en acciones tecnológicas, 20% en bonos.

Cartera diversificada:

60% acciones (tecnología, salud, bienes de consumo), 30% bonos (corporativos y gubernamentales), 10% REITs.

Ejemplo de reequilibrio:

Al cabo de 1 año, las acciones crecen hasta el 70%. El reequilibrio restablece la asignación al 60% de acciones y el 30% de bonos.

Resultados: Reducción del riesgo y mejora de la estabilidad sin sacrificar el potencial de crecimiento.

Conclusión

La gestión del riesgo y la diversificación son las piedras angulares de una inversión con éxito. Al distribuir las inversiones entre distintas clases de activos y supervisar periódicamente su cartera, puede protegerse de pérdidas excesivas y mantener el rumbo hacia sus objetivos financieros. En el próximo capítulo, exploraremos el poder de la disciplina y la inversión constante para crear riqueza a largo plazo.

Capítulo 8: El poder de la coherencia - Construir a largo plazo Riqueza

8.1 La importancia de la constancia en la inversión

Crear riqueza no consiste en sincronizar el mercado, sino en mantener la disciplina e invertir con constancia.

Idea clave: Las inversiones pequeñas y regulares pueden crecer significativamente con el tiempo gracias al poder de la capitalización.

Ejemplo: Invirtiendo 200 $ al mes durante 30 años a un rendimiento anual del 8% se obtienen aproximadamente 300.000 $, aunque sólo se hayan aportado 72.000 $.

8.2 El papel del promediado del coste en dólares (DCA)

El promediado del coste en dólares consiste en invertir una cantidad fija con regularidad, independientemente de las condiciones del mercado.

8.2.1 Beneficios del DCA

Reduce la toma de decisiones emocionales: Evita la necesidad de medir el tiempo del mercado.

Compra más acciones cuando los precios son bajos: Esto promedia el coste de las acciones a lo largo del tiempo.

Fomenta la disciplina: Crea un hábito de inversión constante.

Por ejemplo:

El inversor A aporta 500 $ mensuales a un fondo indexado. Cuando los precios son bajos, compra más acciones; cuando los precios son altos, compra menos. Con el tiempo, su coste medio por acción se mantiene estable y es inferior al de las inversiones a tanto alzado irregulares.

Paso a seguir: Establezca aportaciones automáticas a su cuenta de inversión.

8.3 Aprovechar la capitalización para maximizar la rentabilidad

La capitalización se produce cuando sus inversiones generan beneficios, y esos beneficios se reinvierten para generar aún más.

8.3.1 Factores que influyen en la composición

Tiempo: Cuanto más tiempo permanezca invertido su dinero, mayor será el efecto compuesto.

Tasa de rentabilidad: Una mayor rentabilidad acelera el crecimiento.

Constancia: Las aportaciones regulares amplifican la capitalización.

Ejemplo de crecimiento compuesto:

Invierte 10.000 dólares a un rendimiento anual del
8%. Después: 10 años: 21.589 dólares.
20 años: 46.610 dólares.
30 años: 100.627 dólares.

Paso a seguir: Utiliza una calculadora de capitalización para ver cómo pueden crecer tus inversiones con el tiempo.

8.4 Mantener el rumbo durante las fluctuaciones del mercado

Los mercados son impredecibles, pero mantener la coherencia durante las fases bajistas es clave para el éxito a largo plazo.

8.4.1 Contexto histórico

Ejemplo: Durante la crisis financiera de 2008, el S&P 500 cayó un 37%, pero los inversores que siguieron invirtiendo experimentaron una recuperación significativa en los años siguientes.

Lección: Las caídas del mercado son oportunidades para que los inversores disciplinados compren a precios más bajos.

8.4.2 Evitar las ventas de pánico

Vender durante las caídas bloquea las pérdidas e impide beneficiarse de la recuperación. En su lugar, céntrese en su plan a largo plazo e ignore el ruido a corto plazo.

Acción: Cree una lista de comprobación para "mantener el rumbo" que pueda revisar durante la volatilidad del mercado.

8.5 Automatizar sus inversiones

La automatización simplifica el proceso de inversión y garantiza la coherencia.

8.5.1 Ventajas de la automatización

Elimina los olvidos: Las aportaciones periódicas se realizan sin esfuerzo manual.

Reduce la influencia emocional: La automatización le ayuda a ceñirse a su plan durante las subidas y bajadas del mercado.

8.5.2 Cómo automatizar las inversiones

Establezca transferencias directas desde su nómina o cuenta bancaria a su cuenta de inversión.

Utiliza robots asesores o aplicaciones de inversión para asignar fondos automáticamente según tu estrategia.

Paso a seguir: Investiga plataformas como Vanguard, Fidelity o Betterment para automatizar tus inversiones.

8.6 Establecer y ajustar los objetivos a lo largo del tiempo

Coherencia no significa rigidez; su plan de inversión debe adaptarse a medida que cambien sus objetivos y circunstancias.

8.6.1 Acontecimientos vitales que pueden influir en los objetivos

Matrimonio o divorcio: Cambios en los ingresos del hogar o en las prioridades financieras.

Cambios profesionales: Las fluctuaciones salariales pueden requerir un ajuste de las cotizaciones.

Planificación de la jubilación: Cambiar el enfoque del crecimiento a la generación de ingresos a medida que se acerca la jubilación.

8.6.2 Revisar su progreso

Evalúe anualmente el rendimiento de su cartera.

Compruebe si sus inversiones se ajustan a su actual tolerancia al riesgo y a sus objetivos financieros.

Acción: Programe una revisión anual de su cartera y sus objetivos financieros.

8.7 Mentalidad a largo plazo

La creación de riqueza requiere tiempo, paciencia y visión de conjunto.

8.7.1 Evitar los sistemas de enriquecimiento rápido

Las inversiones que prometen rendimientos inusualmente altos suelen ser arriesgadas o fraudulentas.
Apueste por estrategias de crecimiento probado y constante, como los fondos indexados o los ETF.

8.7.2 El poder de la paciencia

Ejemplo: Warren Buffett hizo la mayor parte de su riqueza después de los 50 años debido al efecto compuesto.

Lección: Cuanto antes empiece y más tiempo permanezca invertido, mayor será su rentabilidad.

8.7.3 Centrarse en el progreso, no en la perfección

La constancia no significa no cometer nunca errores, sino aprender y mejorar con el tiempo.

8.8 Estudio de caso: Inversión constante durante 20 años

Inversor: una persona de 25 años empieza a invertir 400 $ al mes en un fondo indexado S&P 500.

Resultado:

A los 45 años, con una rentabilidad media anual del 8%, su cartera supera los 240.000 dólares.

Si dejan de cotizar y lo dejan crecer hasta los 65 años, se convierte en más de 1.100.000 $.

Conclusión

La constancia es la base para invertir con éxito. Automatizando las aportaciones, manteniendo la disciplina durante la volatilidad del mercado y centrándose en los objetivos a largo plazo, puede aprovechar el poder de la capitalización para crear un patrimonio duradero. En el próximo capítulo, exploraremos las estrategias fiscales y otras formas de maximizar el rendimiento de sus inversiones.

Capítulo 9: Estrategias fiscales y maximización del rendimiento de las inversiones

9.1 Comprender las implicaciones fiscales de la inversión

Los impuestos pueden afectar significativamente al rendimiento de sus inversiones. Saber navegar por el panorama fiscal es clave para maximizar los beneficios.

9.1.1 Tipos de rentas de inversión

Dividendos: Pagos procedentes de acciones o fondos de inversión, que tributan como renta ordinaria o a un tipo inferior si cumplen los requisitos.

Plusvalía: Ganancias derivadas de la venta de un activo por un valor superior a su precio de compra.

Plusvalías a corto plazo: Activos mantenidos durante menos de un año, gravados al tipo ordinario del impuesto sobre la renta.

Plusvalías a largo plazo: Activos mantenidos durante más de un año, que tributan a tipos más bajos (0%, 15% o 20%, en función de la renta).

Ingresos por intereses: Ingresos procedentes de bonos o cuentas de ahorro, que suelen tributar como ingresos ordinarios.

Paso a seguir: Revise sus fuentes de ingresos por inversiones y clasifíquelas según su tratamiento fiscal.

9.2 Cuentas con ventajas fiscales

Determinadas cuentas ayudan a reducir o aplazar los impuestos, lo que permite que sus inversiones crezcan de forma más eficiente.

9.2.1 Cuentas de jubilación

IRA/401(k) tradicional: Las aportaciones son desgravables, pero los reintegros tributan en la jubilación.

Roth IRA/401(k): Las aportaciones se hacen con dinero después de impuestos, pero los retiros en la jubilación están libres de impuestos.

Ejemplo: Una aportación anual de 6.500 $ a una cuenta Roth IRA invertida a un rendimiento del 8% durante 30 años crece hasta más de 780.000 $, libres de impuestos.

9.2.2 Cuenta de ahorro sanitario (HSA)

Las aportaciones son deducibles de impuestos, el crecimiento está exento de impuestos y los retiros para gastos médicos cualificados también están exentos de impuestos.

Puede actuar como cuenta de jubilación complementaria si se utiliza estratégicamente.

9.2.3 Planes 529

Cuentas con ventajas fiscales para el ahorro educativo.

Los rendimientos crecen libres de impuestos, y los retiros están exentos de impuestos para gastos educativos cualificados.

Paso a seguir: Abra o contribuya a una cuenta con ventajas fiscales alineada con sus objetivos.

9.3 Estrategias para reducir la base imponible

La reducción de la base imponible puede reducir el tramo impositivo y aumentar la rentabilidad después de impuestos.

9.3.1 Cosecha de pérdidas fiscales

Qué es: Vender inversiones con pérdidas para compensar ganancias imponibles.

Cómo funciona:

Ejemplo: Usted vende la acción A con una pérdida de 2.000 $ y la acción B con una ganancia de 2.000 $. La pérdida compensa la ganancia, por lo que no debe pagar el impuesto sobre plusvalías.

Hasta 3.000 $ anuales de pérdidas netas pueden compensar los ingresos ordinarios.

9.3.2 Contribuir a cuentas con impuestos diferidos

Las aportaciones a 401(k)s, IRA tradicionales y HSA reducen su renta imponible del año.

Paso a seguir: Considere la reasignación de fondos en cuentas imponibles para maximizar las oportunidades de cosecha de pérdidas fiscales.

9.4 Estrategias de inversión fiscalmente eficientes

El lugar donde se mantienen determinadas inversiones influye en su eficiencia fiscal.

9.4.1 Localización de activos

Cuentas imponibles: Inversiones fiscalmente eficientes, como bonos municipales y ETF.

Cuentas con ventajas fiscales: Mantener inversiones fiscalmente ineficientes como REITs, acciones con altos dividendos y bonos.

9.4.2 Elegir inversiones eficientes desde el punto de vista fiscal

Fondos indexados y ETF: Tienen una baja rotación, lo que minimiza las distribuciones de plusvalías.

Bonos municipales: Los intereses suelen estar exentos de impuestos a nivel federal y potencialmente a nivel estatal.

Ejemplo: Mantener un fondo de inversión de alta rotación en una cuenta sujeta a impuestos podría generar obligaciones fiscales innecesarias, mientras que el mismo fondo en una cuenta IRA o 401(k) evita los impuestos anuales.

Paso a seguir: Revise su cartera para asegurarse de que las inversiones se encuentran en las cuentas con mayores ventajas fiscales.

9.5 Distribuciones mínimas obligatorias (RMD)

Los RMD se aplican a las cuentas con impuestos diferidos (como las IRA tradicionales) a partir de los 73 años.
Si no se retira la cantidad requerida, se impone una penalización fiscal del 50% sobre el déficit.

Estrategias para gestionar los RMD:

Comience a retirar dinero antes de la edad de RMD para repartir la carga fiscal.
Convierta las cuentas IRA tradicionales en cuentas IRA Roth durante los años de menores ingresos para reducir los futuros RMD.

Paso a seguir: Utilice una calculadora de RMD para estimar sus futuros requisitos de retiro.

9.6 Evitar errores fiscales comunes

Ser proactivo puede ayudar a evitar errores costosos.

9.6.1 Errores frecuentes

Pasar por alto las cuentas con ventajas fiscales: No maximizar las aportaciones a 401(k)s o IRAs.

Activación de las ventas de lavado: Volver a comprar la misma inversión o una sustancialmente similar en los 30 días siguientes a una venta con pérdidas fiscales.

Ignorar los impuestos estatales: Algunos estados tienen normas exclusivas para las plusvalías y los dividendos.

Paso a seguir: Consulte anualmente a un profesional fiscal para garantizar el cumplimiento y optimizar su estrategia fiscal.

9.7 Trabajar con un profesional fiscal

Un profesional puede ayudar a maximizar las deducciones y garantizar el cumplimiento de las cambiantes leyes fiscales.

9.7.1 Cuándo consultar a un profesional

Si tiene rentas de inversión importantes o participaciones complejas. Cuando se acerca la jubilación y necesita planificar el RMD.

9.7.2 Preguntas para su asesor ¿Cómo

puedo reducir mi deuda tributaria?

¿A qué cuentas debo dar prioridad a la hora de realizar aportaciones o reintegros?

¿Hay nuevas leyes fiscales que puedan afectar a mi cartera?

Paso a seguir: Programe una reunión anual con un contable o asesor financiero especializado en inversión fiscalmente eficiente.

9.8 Estudio de caso: Estrategias fiscales en acción

Inversor: Una persona de 45 años con 500.000 dólares repartidos entre una cuenta 401(k), una cuenta Roth IRA y una cuenta de corretaje sujeta a impuestos.

Problema: elevada factura fiscal debido a los dividendos y distribuciones de plusvalías procedentes de inversiones imponibles.

Solución:

Trasladar las inversiones en bonos y dividendos elevados al

plan 401(k). Utilizar fondos indexados y ETF en la cuenta

sujeta a impuestos.

Aumentar las aportaciones a la cuenta Roth IRA para poder retirar fondos libres de impuestos durante la jubilación.

Resultado: Reducción de la deuda tributaria anual en 5.000 dólares y maximización del crecimiento a largo plazo.

Conclusión

Los impuestos pueden erosionar el rendimiento de las inversiones, pero con las estrategias adecuadas, puede minimizar su impacto y conservar una mayor parte de sus ganancias. En el último capítulo, lo resumiremos todo con consejos prácticos para mantener la disciplina, evitar escollos y alcanzar sus objetivos financieros.

Capítulo 10: Reunirlo todo: su hoja de ruta para invertir con éxito

10.1 Revisión de la trayectoria inversora

Repasemos los principales conceptos tratados en este libro y comprendamos cómo se interrelacionan.

10.1.1 La Fundación

La bolsa ofrece una plataforma para crear riqueza invirtiendo en empresas.

Desarrollar una base financiera sólida mediante la elaboración de presupuestos, fondos de emergencia y la eliminación de deudas es crucial antes de invertir.

10.1.2 La estrategia

Empiece con objetivos claros y mensurables.
Diversifique su cartera para gestionar el riesgo y utilice una asignación de activos adaptada a su edad, ingresos y tolerancia al riesgo.

10.1.3 El proceso

Contribuya regularmente a sus cuentas de inversión, aprovechando la automatización.

Reevalúe sus inversiones periódicamente, pero evite reaccionar de forma exagerada a los movimientos del mercado a corto plazo.

Acción: Escriba su estrategia de inversión personal basándose en los principios de los capítulos anteriores.

10.2 Elaborar un plan de inversión personalizado

Un plan bien elaborado es la hoja de ruta para alcanzar sus objetivos financieros.

10.2.1 Defina sus objetivos

Objetivos a corto plazo: Por ejemplo, ahorrar para el pago inicial de una casa.

Objetivos a largo plazo: Por ejemplo, constituir un fondo de jubilación o financiar la educación de los hijos.

10.2.2   Identifique su horizonte temporal

Los objetivos a corto plazo pueden requerir inversiones conservadoras.

Los objetivos a largo plazo se benefician de estrategias centradas en el crecimiento, como las inversiones en renta variable.

10.2.3   Elija su combinación de inversiones

Combine acciones, bonos, ETF y otros activos en proporciones acordes con sus objetivos y su tolerancia al riesgo.

Utilice los fondos con fecha objetivo si desea un enfoque no intervencionista.

10.2.4   Automatizar las contribuciones

Establezca transferencias periódicas a las cuentas de inversión para garantizar la coherencia.

Paso a seguir: Elabore un resumen de una página de su plan de inversión personalizado y consérvelo como referencia.

10.3 Evitar errores comunes

Aprender de los errores de los demás puede ahorrarle tiempo, dinero y estrés.

10.3.1   Toma de decisiones emocional

Evite comprar cuando el mercado esté en su punto álgido o vender durante las fases bajistas.
Cíñete a tu estrategia y céntrate en objetivos a largo plazo.

10.3.2   Descuidar el reequilibrio

Ajuste periódicamente su cartera para mantener la asignación de activos deseada.

Ejemplo: Si las acciones obtienen mejores resultados y alcanzan el 70% de su cartera cuando su objetivo es el 60%, venda algunas acciones y compre bonos para reequilibrar.

10.3.3 Pasar por alto las comisiones y los gastos Unas comisiones elevadas pueden erosionar la rentabilidad con el paso del tiempo.

Opte por fondos de bajo coste, como ETF y fondos indexados.

Paso a seguir: Elabore una lista de comprobación de los posibles escollos para revisarla anualmente y asegurarse de que sigue por el buen camino.

10.4 Adoptar una perspectiva a largo plazo

La creación de riqueza es un maratón, no un sprint.

10.4.1 El papel de la paciencia

La volatilidad a corto plazo es una parte natural de la inversión.

Históricamente, los mercados han tendido al alza a largo plazo, a pesar de las caídas ocasionales.

10.4.2 Confíe en el poder de la capitalización

Las inversiones regulares a lo largo del tiempo, unidas a la reinversión de los beneficios, crean un crecimiento exponencial.

Ejemplo: Una inversión de 10.000 $ que gana un 8% anual se duplica aproximadamente cada 9 años. En 36 años, crece hasta 160.000 dólares.

10.5 Formación e información

El mundo de la inversión evoluciona, y mantenerse informado es esencial.

10.5.1 Recursos para seguir aprendiendo

Libros: Lee clásicos como El inversor inteligente, de Benjamin Graham.

Sitios web y blogs: Sigue plataformas financieras de confianza para obtener actualizaciones y consejos.

Cursos: Realiza cursos online para profundizar en tus conocimientos sobre inversión.

10.5.2   Busque orientación profesional cuando la necesite

Trabaje con un planificador financiero certificado o un asesor de inversiones para adaptar su estrategia.

Medida: Comprométase a leer al menos un libro relacionado con la inversión o a seguir un curso cada año.

10.6   Pasar a la acción: Sus primeros 90 días

Empiece fuerte con un plan de acción para los tres primeros meses de su viaje de inversión.

10.6.1   Mes 1: Construir los cimientos

Establece un presupuesto para liberar dinero para

invertir. Abra una cuenta de corretaje o de jubilación.

Define tus objetivos y elige una asignación de activos.

10.6.2   Mes 2: Empezar a invertir

Deposite fondos en su cuenta y realice sus primeras inversiones, centrándose en opciones diversificadas como fondos indexados o ETF.

Automatice las contribuciones periódicas.

10.6.3   Mes 3: Revisión y ajuste

Evalúe su cartera para asegurarse de que se ajusta a sus objetivos.

Realice pequeños ajustes cuando sea necesario, pero evite operar en

exceso.

Acción: Utiliza un calendario o un rastreador de tareas para seguir tu plan de 90 días.

10.7   Palabras finales de aliento

Invertir es un viaje que requiere disciplina, paciencia y un compromiso de crecimiento.

10.7.1   Reconocer el progreso

Celebre hitos como su primera inversión, alcanzar sus primeros 10.000 dólares o lograr un objetivo financiero.

10.7.2   La recompensa de la perseverancia

Crear riqueza invirtiendo es una de las cosas más poderosas que puede hacer por su futuro.

10.7.3   Recuerde su "por qué

Mantén la motivación centrándote en tus objetivos.
Ya se trate de jubilarse cómodamente, financiar la educación de un hijo o lograr la independencia financiera, su "por qué" le mantendrá en el buen camino.

Conclusión

Este libro le ha dado las herramientas para embarcarse en su viaje de inversión con confianza. Aplicando lo que ha aprendido, siendo constante y ampliando continuamente sus conocimientos, podrá alcanzar sus objetivos financieros y crear un futuro seguro.

Conclusión

Enhorabuena. Ha llegado al final de esta guía y, al hacerlo, ha dado un paso importante hacia la consecución de la independencia financiera y la creación de riqueza a largo plazo. A estas alturas, debería tener una idea clara de los fundamentos de la inversión en bolsa, incluido su funcionamiento, los tipos de inversiones disponibles y las estrategias que pueden ayudarle a tomar decisiones con conocimiento de causa.

Recuerde que invertir en bolsa no es un plan para hacerse rico rápidamente, sino que se trata de tomar decisiones coherentes y meditadas a lo largo del tiempo. Los inversores con más éxito no son los que persiguen tendencias o intentan cronometrar el mercado, sino los que se centran en el crecimiento a largo plazo, gestionan el riesgo adecuadamente y mantienen la paciencia ante las fluctuaciones del mercado.

A medida que avanza en su viaje inversor, tenga en cuenta los siguientes puntos clave:

Empiece con algo sencillo: Empiece con inversiones diversificadas y de bajo coste, como fondos indexados o ETF. Esto le ayudará a reducir el riesgo mientras se familiariza con el mercado.

Invertir a largo plazo: El mercado de valores recompensa la paciencia. Resista la tentación de tomar decisiones impulsivas basadas en los movimientos del mercado a corto plazo.

Manténgase informado: El mundo de la inversión está en constante evolución. Siga aprendiendo, ya sea a través de libros, artículos, cursos o simplemente observando el mercado. Cuanto más informado estés, mejores decisiones podrás tomar.

Desarrolle una estrategia y c ú m p l a l a : Es fundamental tener un plan de inversión claro, basado en sus objetivos y su tolerancia al riesgo. No dejes que las emociones dicten tus decisiones de inversión.

La constancia es la clave: Las aportaciones periódicas, aunque s e a n pequeñas, pueden aumentar significativamente con el tiempo gracias al poder del interés compuesto.

Tu viaje no termina aquí. De hecho, es sólo el principio. A medida que siga construyendo su cartera y ampliando sus conocimientos sobre el mercado, desarrollará sus propias estrategias y perfeccionará su enfoque. El mundo de la inversión está abierto a cualquiera que esté dispuesto a aprender, y usted ya ha dado el primer paso más importante.

Tanto si invierte para ahorrar para la jubilación, para lograr la independencia financiera o para alcanzar hitos financieros específicos, la clave es mantener la disciplina, estar informado y seguir avanzando. El mercado bursátil tendrá sus altibajos, pero con la mentalidad y la estrategia adecuadas, podrá sortear esas fluctuaciones y trabajar para alcanzar sus objetivos financieros.

Gracias por acompañarme en este viaje. Le deseo mucho éxito en su camino para convertirse en un inversor seguro y bien informado. Su futuro financiero está en sus manos, ¡ahora dé el siguiente paso!

Glosario de términos bursátiles

1. Asignación de activos

El proceso de dividir su cartera de inversión entre diferentes categorías de activos, como acciones, bonos y efectivo, para equilibrar el riesgo y la recompensa en función de sus objetivos, horizonte temporal y tolerancia al riesgo.

2. Mercado bajista

Situación del mercado en la que los precios de los valores están cayendo o se espera que caigan, normalmente un 20% o más desde los máximos recientes.

3. Valores de primer orden

Acciones de empresas bien establecidas, financieramente estables y reputadas, con un historial de resultados fiables, como Apple o Coca-Cola.

4. Bono

Inversión de renta fija que representa un préstamo realizado por un inversor a un prestatario, normalmente una empresa o un gobierno, con pagos regulares de intereses y devolución del principal al vencimiento.

5. Mercado alcista

Situación del mercado en la que los precios de los valores suben o se espera que suban, a menudo impulsados por la confianza de los inversores y el crecimiento económico.

6. Plusvalías

Beneficio obtenido por la venta de una inversión cuando el precio de venta supera el precio de compra.

7. Dividendos

Parte de los beneficios de una empresa que se distribuye a los accionistas, normalmente de forma periódica (por ejemplo, trimestralmente).

8. Promedio del coste en dólares (DCA)

Estrategia de inversión que consiste en invertir regularmente una cantidad fija de dinero en un activo concreto, independientemente de su precio, para reducir el impacto de la volatilidad del mercado.

9. Beneficios por acción (BPA)

Beneficio de una empresa dividido por el número de acciones en circulación. Es un parámetro clave para evaluar la rentabilidad de una empresa.

10. Fondos cotizados (ETF)

Tipo de fondo de inversión negociado en bolsa que posee una cesta de activos, como acciones u obligaciones, y está diseñado para seguir la rentabilidad de un índice específico.

11. Fondo indexado

Fondo de inversión o ETF diseñado para replicar el rendimiento de un índice de mercado específico, como el S&P 500.

12. Oferta Pública Inicial (OPI)

La primera vez que una empresa ofrece sus acciones al público, pasando de la propiedad privada a la pública.

13. Liquidez

La facilidad con la que un activo puede comprarse o venderse en el mercado sin que afecte a su precio. Las acciones y los ETF son muy líquidos, mientras que los bienes inmuebles lo son menos.

14. Capitalización bursátil (Market Cap)

Valor total de las acciones en circulación de una empresa, calculado multiplicando el precio actual de las acciones por el número total de acciones.

15. Fondos de inversión

Vehículo de inversión que reúne el dinero de varios inversores para comprar una cartera diversificada de acciones, bonos u otros valores.

16. Cartera

Conjunto de inversiones, como acciones, bonos, ETF y efectivo, propiedad de una persona o institución.

17. Relación precio/beneficios (PER)

Medida de valoración que se calcula dividiendo el precio actual de las acciones de una empresa por sus beneficios por acción. Indica cuánto están dispuestos a pagar los inversores por un dólar de beneficios.

18. Reequilibrio

Proceso de ajuste de las ponderaciones de los activos de su cartera para mantener el nivel deseado de asignación de activos, que suele realizarse periódicamente.

19. Tolerancia al riesgo

El nivel de riesgo que un inversor está dispuesto a aceptar al tomar decisiones de inversión, influido por factores como los objetivos financieros, el horizonte temporal y la comodidad personal con la volatilidad.

20. Cuenta IRA Roth

Una cuenta de jubilación con ventajas fiscales en la que las aportaciones se realizan con dinero después de impuestos y los reintegros durante la jubilación están exentos de impuestos.

21. S&P 500

Índice bursátil que sigue la evolución de 500 de las mayores empresas de Estados Unidos por capitalización bursátil.

22. Stock

Tipo de valor que representa la propiedad de una empresa y que da derecho a una parte de sus beneficios y activos.

23. Fondo de destino

Fondo de inversión o ETF que ajusta automáticamente su asignación de activos para volverse más conservador a medida que se acerca una fecha determinada, como la jubilación.

24. Horizonte temporal

El tiempo que un inversor espera mantener una inversión para alcanzar un objetivo financiero, desde corto plazo (menos de 3 años) hasta largo plazo (10 años o más).

25. Volatilidad

Grado de variación del precio de un valor o mercado a lo largo del tiempo. Una volatilidad elevada indica grandes oscilaciones de precios, mientras que una volatilidad baja significa estabilidad.

26. Rendimiento

El rendimiento de una inversión, expresado en porcentaje. En el caso de las acciones, suele ser la rentabilidad de los dividendos; en el de los bonos, la rentabilidad de los intereses.

Software Equipo y suministros necesarios para empezar

He aquí una lista de software, equipos y suministros que le ayudarán a iniciarse en la inversión bursátil. Estas herramientas y recursos agilizarán su flujo de trabajo, garantizarán su organización y mejorarán su toma de decisiones.

Software

1. Plataformas de negociación

Robinhood (para principiantes, operaciones sin comisiones).

E*TRADE (Herramientas completas para operadores principiantes y experimentados).

Fidelity (Excelente para inversores a largo plazo, incluye herramientas de investigación).

TD Ameritrade (Ofrece funciones avanzadas con su plataforma thinkorswim).

Webull (negociación sin comisiones con gráficos avanzados).

2. Herramientas de gestión de carteras

Morningstar Portfolio Manager: Siga, analice y reequilibre su cartera.

Capital Personal: Combina la elaboración de presupuestos y el análisis de carteras para obtener una visión financiera holística.

Cartera de Yahoo Finanzas: Seguimiento de carteras gratuito y fácil de usar.

3. Herramientas de investigación y análisis

Rover Stock: Análisis detallados, herramientas de comparación y seguimiento de carteras.

Zacks Investment Research: Proporciona análisis y recomendaciones sobre acciones.

Seeking Alpha: Investigación y análisis impulsados por la comunidad.

4. Gráficos y análisis técnico

TradingView: Software avanzado de gráficos con indicadores personalizables.

MetaStock: Completo software de análisis técnico para operadores activos.

5. Software fiscal y contable

TurboTax Premier: Diseñado para que los inversores realicen un seguimiento e informen de las ganancias y pérdidas.
H&R Block Tax Software: Incluye herramientas para inversores en bolsa.

6. Plataformas educativas

Coursera: cursos de inversión de universidades como Yale y Wharton.
Udemy: Cursos asequibles sobre fundamentos bursátiles y estrategias de negociación.
Academia Investopedia: Cursos específicos para principiantes en bolsa.

Equipamiento

1. Ordenador o portátil

Invertir requiere un ordenador fiable para investigar, operar y analizar. Considérelo:

MacBook Pro de Apple: Conocido por su fiabilidad y larga duración de la batería.
Dell XPS 15: Potente rendimiento para multitarea. Lenovo ThinkPad: Excelente para inversores preocupados por el presupuesto.

2. Smartphone o tableta

El acceso móvil es esencial para la negociación y la gestión de carteras sobre la marcha. Dispositivos recomendados:

Apple iPhone o iPad: Compatible con la mayoría de apps de trading.
Serie Samsung Galaxy: Alternativa Android con potentes prestaciones.

3. Monitores externos

Para el seguimiento simultáneo de varios valores y gráficos.

Dell UltraSharp U2723QE: Pantalla de alta resolución para análisis detallados.
Monitor LG UltraWide: Ideal para la multitarea con varias ventanas.

4. Almacenamiento de seguridad

Mantenga a salvo sus datos de inversión.

Disco duro externo Seagate: Para copias de seguridad de documentos financieros.
Almacenamiento en la nube (Google Drive o Dropbox): Almacenamiento en línea seguro para facilitar el acceso.

5. Conexión a Internet

Una conexión a Internet de alta velocidad es fundamental para obtener datos de mercado en tiempo real.

Conexiones de fibra óptica: Recomendadas para velocidades rápidas y estables.

Suministros

1. Cuadernos o agendas

Lleve un registro de las estrategias de inversión, notas y lecciones aprendidas.

Cuaderno inteligente Rocketbook: Reutilizable y se integra con el almacenamiento en la nube.
Diario Moleskine: Una elección clásica para notas escritas a mano.

2. Material de organización

Organizador de archivos: Almacene extractos impresos, contratos y documentos fiscales.
Creador de etiquetas: Organice los registros físicos para un acceso rápido.

3. **Fuentes de alimentación de reserva**

Power Bank portátil: Para cargar dispositivos durante apagones.
Sistema de alimentación ininterrumpida (SAI): Protege tu ordenador durante cortes repentinos.

4. **Configuración del escritorio**

Escritorio de pie ajustable: Para mayor comodidad durante las largas horas de trabajo.
Silla ergonómica: Reduce la tensión durante largos periodos de investigación.

5. **Calculadora o herramientas financieras**

Calculadora financiera HP 12C: Diseñada específicamente para cálculos financieros.
Casio fx-991EX: Una opción versátil y económica.

Suscripciones y servicios

1. **Noticias y servicios de datos**

The Wall Street Journal: Noticias empresariales y financieras.
Terminal Bloomberg: Servicio de gama alta para datos en tiempo real (mejor para inversores avanzados).
Yahoo Finanzas Premium: Ofrece herramientas avanzadas y una experiencia sin anuncios.

2. **Alertas de mercado**

Alertas de Google: Alertas personalizadas para acciones o sectores específicos.

Alertas Morningstar: Notificaciones sobre la rentabilidad de la cartera y actualizaciones.

3. **Asesores financieros**

Considere la posibilidad de consultar a un Planificador Financiero Certificado (CFP) para crear una estrategia de inversión sólida.

Varios

Pizarra o tablón de anuncios: Visualiza estrategias, objetivos o listas de vigilancia.

Auriculares con micrófono: Para cursos en línea, seminarios web o consultas con asesores virtuales.

Cafetera o tentempiés: Mantenga la energía durante las largas sesiones de negociación.

Lista de prioridades esenciales para empezar a invertir

He aquí una lista simplificada de lo esencial para ayudarle a empezar de forma eficiente y sin gastos innecesarios:

1. Software de negociación y gestión de carteras

Estas herramientas le permitirán operar, realizar un seguimiento de las inversiones y gestionar su cartera:

Plataforma de negociación: Empieza con una plataforma fácil de usar y sin comisiones, como Robinhood o Fidelity.

Seguimiento de carteras: Utiliza Yahoo Finance Portfolio (gratis) o Personal Capital para el seguimiento y análisis de carteras.

2. Ordenador o portátil fiable

Un portátil de gama media es suficiente para la mayoría de los principiantes. Considera opciones como:

Lenovo ThinkPad (económico y fiable). Dell XPS 15

(para más potencia y multitarea).

3. Smartphone o tableta

Para operaciones y alertas móviles:

Apple iPhone o Samsung Galaxy Series (compatible con la mayoría de las aplicaciones de comercio).

4. Conexión a Internet

Internet de alta velocidad (fibra óptica si es posible) para garantizar el acceso en tiempo real a los datos del mercado y las plataformas de negociación.

5. Recursos educativos

Invierta tiempo en aprender con estas opciones asequibles:

Libro: El Pequeño Libro de la Inversión con Sentido Común de John C. Bogle.

Curso online: Invertir para principiantes en Coursera o Udemy.

Página web: Visita regularmente Investopedia para obtener definiciones y guías fáciles de entender.

6. Un diario de notas

Lleve un registro de sus estrategias de inversión, aprendizajes y decisiones:

Cuaderno inteligente Rocketbook (reutilizable y se conecta al almacenamiento en la nube).
O simplemente utilice un cuaderno Moleskine estándar.

7. Organizador de archivos

Para almacenar y gestionar documentos importantes como confirmaciones de operaciones, formularios fiscales y extractos de cuenta.

Organizador de archivos ampliable (compacto y portátil).

8. Alimentación de reserva y almacenamiento de datos

Por seguridad y fiabilidad:

Power Bank portátil: Mantiene cargado tu smartphone o tablet.

Almacenamiento en la nube: Opciones gratuitas como Google Drive o Dropbox para hacer copias de seguridad de archivos importantes.

9. Suscripción a Noticias del Mercado

Manténgase informado sobre las últimas tendencias y

actualizaciones del mercado: Opción gratuita: Yahoo

Finanzas o Google Alerts.

Opción de pago: Suscripción a The Wall Street Journal o Morningstar Premium.

10. Herramienta de cálculo para principiantes

Si quieres calcular rentabilidades o entender métricas financieras:

Utiliza la calculadora integrada gratuita de tu smartphone o una sencilla calculadora Casio.

11. Confortable espacio de trabajo

Para periodos prolongados de investigación y negociación:

Silla ergonómica: Priorice la comodidad.

Escritorio: Al principio bastará con una simple mesa o escritorio.

12. Complementos opcionales (cuando estén listos)

A medida que crezcas, considera estas adiciones:

Monitor externo: Facilita la multitarea (por ejemplo, monitor LG UltraWide).

Herramientas avanzadas de gráficos: TradingView para el análisis técnico (versión gratuita disponible).

Software fiscal: Utilice TurboTax Premier durante la temporada de impuestos para simplificar la presentación de informes.

Próximos pasos

Abra una cuenta de corretaje (por ejemplo, Robinhood o Fidelity).

Crea una lista de valores o ETF que te interesen.

Asigne una pequeña cantidad de capital (lo que pueda permitirse perder) y empiece con fondos indexados o ETF.

Comprométete a aprender a diario con contenidos educativos.

Recursos

He aquí una lista de recursos que le ayudarán a profundizar sus conocimientos y a seguir creciendo como inversor:

Libros

El inversor inteligente, de Benjamin Graham
Una guía clásica para invertir en valor y comprender los principios del mercado.

Un paseo aleatorio por Wall Street, de Burton Malkiel
Cubre una amplia gama de temas de inversión y aboga por los fondos indexados de bajo coste.

Sentido común sobre los fondos de inversión, de John C. Bogle
Escrito por el fundador de Vanguard, este libro explica las ventajas de invertir en fondos indexados.

The Little Book of Common Sense Investing por John C. Bogle Una introducción concisa y práctica a la inversión indexada.

Uno arriba en Wall Street por Peter Lynch
Explora cómo los inversores cotidianos pueden identificar oportunidades e invertir con éxito.

La psicología del dinero por Morgan Housel
Se centra en los aspectos conductuales de la inversión y la toma de decisiones financieras.

Padre rico, padre pobre, de Robert Kiyosaki
Ofrece un cambio de mentalidad hacia la creación de riqueza y la independencia financiera.

The Bogleheads' Guide to Investing por Taylor Larimore, Mel Lindauer y Michael LeBoeuf
Una guía sencilla para invertir a bajo coste y a largo plazo.

Sitios web y blogs

Investopedia (investopedia.com)
Completo recurso sobre terminología, conceptos y tutoriales de inversión.

Morningstar (morningstar.com)
Ofrece información sobre fondos de inversión, fondos cotizados y valores concretos.

The Motley Fool (fool.com)
Noticias de inversión, consejos y análisis bursátiles para principiantes e inversores experimentados.

Seeking Alpha (seekingalpha.com)
Artículos y opiniones de una amplia gama de inversores y analistas.

Foro Bogleheads (bogleheads.org)
Una comunidad dedicada a debatir sobre inversiones basadas en índices y finanzas personales.

Yahoo Finanzas (finance.yahoo.com)
Noticias, cotizaciones bursátiles y herramientas de inversión para mantenerse informado.

CNBC (cnbc.com)
Actualizaciones del mercado y noticias financieras en tiempo real.

Podcasts

Podcast sobre inversión para principiantes
Simplifica conceptos de inversión complejos para los que empiezan.

Estudiamos a los multimillonarios (The Investor's Podcast Network)
Lecciones de algunos de los mejores inversores del mundo.

El Show del Dinero de Motley Fool
Ofrece análisis de las tendencias actuales del mercado y estrategias de inversión.

Podcast sobre dinero de BiggerPockets
Se centra en las finanzas personales y las estrategias de creación de riqueza.

Podcast Espíritus animales
Abarca las tendencias del mercado, las finanzas personales y las finanzas conductuales de forma accesible.

Cursos en línea

Coursera (coursera.org)
"Invertir para principiantes: Una guía completa" (ofrecido por las mejores universidades).

Udemy (udemy.com)
"Invertir en bolsa para principiantes" - Accesible y asequible para nuevos inversores.

Khan Academy (khanacademy.org)
"Finanzas personales" - Incluye lecciones sobre conceptos básicos de inversión.

Aula Morningstar de Inversión
Cursos interactivos gratuitos sobre fondos de inversión, ETF, acciones y creación de carteras.

Skillshare (skillshare.com)
Cursos sobre conceptos básicos de inversión y educación financiera impartidos por instructores experimentados.

Aplicaciones y herramientas

Aplicación Yahoo Finanzas
Siga los datos del mercado, las noticias y el rendimiento de su cartera.

Gestor de carteras Morningstar
Analice y supervise sus inversiones en tiempo real.

Capital personal
Ayuda a elaborar presupuestos, hacer un seguimiento de las inversiones y planificar la jubilación.

Robinhood Aprender
Ofrece recursos educativos gratuitos para inversores principiantes.

Plataformas Fidelity o Vanguard
Muchas cuentas de corretaje disponen de herramientas, calculadoras y contenidos educativos gratuitos.

Canales de YouTube

Graham Stephan
Consejos sobre finanzas personales e inversión para principiantes.

Andrei Jikh
Simplifica los conceptos de inversión centrándose en las estrategias a largo plazo.

Espectáculo de Joseph Carlson
Análisis de carteras y opiniones sobre la inversión en dividendos y valor.

El panecillo sencillo
Explica temas financieros complejos de forma fácil de entender.

Educación financiera
Consejos para navegar por el mercado de valores y crear riqueza.

Próximos pasos:

Selecciona uno o dos libros y empieza a leer. Marca

algunas páginas web para estar al día.

Suscríbete a un podcast o canal de YouTube que se ajuste a tu estilo de aprendizaje.

Considere la posibilidad de realizar un curso en línea para reforzar su base de conocimientos.

Queremos agradecerle la compra de este libro y, lo que es más importante, agradecerle que lo haya leído hasta el final. Esperamos que su experiencia de lectura haya sido placentera y que informe a sus familiares y amigos en Facebook, Twitter u otros medios sociales.

Nos gustaría seguir proporcionándole libros de gran calidad, y para ello, ¿le importaría dejarnos una reseña en Amazon.com?

Sólo tiene que utilizar el siguiente enlace, desplazarse hacia abajo aproximadamente 3/4 de la página y verá imágenes similares a la de abajo.

Le agradecemos enormemente su ayuda. Un cordial saludo,

Brian Mahoney
Publicación MahoneyProducts

Puede que también le guste:

Cómo conseguir dinero para la creación de pequeñas empresas: Cómo conseguir dinero masivo de Crowdfunding, Subvenciones del Gobierno y Préstamos del Gobierno.

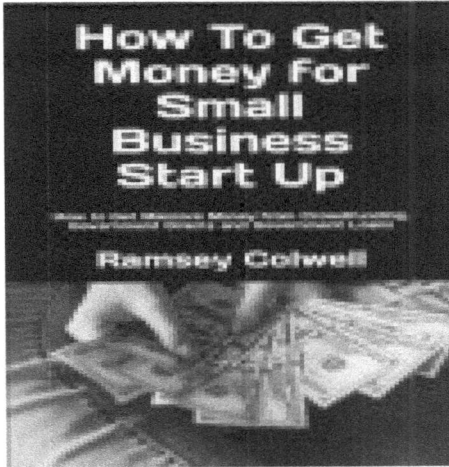

https://rb.gy/9qjcv

o

www.amazon.com/dp/1951929144